いもくり なんきん、
ときどきあんこ

中川たま

文化出版局

はじめに

さつまいも、栗、かぼちゃ、あんこ。

こっくりとした甘みの素材たちは、
常に私の記憶の奥深くに刻みこまれていて
懐かしさやまた食べたいと思う気持ちを引き出してくれます。

女性は特に好きな方が多いのではないでしょうか？
私も年々、年を重ねるにつれて、いも、栗、なんきん、あんこに
寄せる思いが大きくなってきています。

素材自体の甘みが強い分、砂糖などの甘味料を減らすことができ、
体にも負担が少なくてすみますし、ほくほくとした食感も食べごたえがあって、
心にも体にも強い満腹感があります。

さつまいもやかぼちゃは、いつでも食べたい。
シンプルなおやつを中心に。

旬が短い栗は、秋の味覚を楽しめるように
ひと手間かけて楽しむおやつを。

あんこは、ときどき無性に食べたくなるもの。
自家製ならではの自分好みの小豆の食べ方で。

どれも素材の味が生きるようなおやつばかりです。
また作りたい、食べたいと思っていただけたらうれしいです。

中川たま

Contents

03 はじめに

さつまいも

06 焼きいも
07 干しいも

［焼きいもを使って］
08 焼きいものグラタンパイ
09 焼きいもタタン
12 焼きいものきんつば
13 焼きいものみたらしもち

［干しいもを使って］
16 干しいもときな粉のグラノーラ
17 干しいもとクリームチーズのスコーン

20 スイートポテトブリュレ
21 おいもとりんごのクランブル
24 大学いも　さつまいもチップス

27 いもくりなんきん通信
［さつまいも編］

くり

28 栗の渋皮煮

［栗の渋皮煮を使って］
29 渋皮煮のフレンチトースト
32 渋皮煮のガトーショコラ
33 渋皮煮のパイ

［ゆで栗を使って］
36 栗きんとん
37 栗のテリーヌ
38 ゆで栗

［栗ジャムを使って］
40 栗のティラミス
41 モンブラン
42 栗ジャム
44 栗ジャムとカシスのレイヤーケーキ
45 栗のウェルシュケーキ
48 栗のお汁粉

51 いもくりなんきん通信
［くり編］

かぼちゃ

53 かぼちゃのドーナッツ
56 かぼちゃのマフィンサンド
57 かぼちゃのバスクチーズケーキ
60 かぼちゃのプリン

［かぼちゃのペーストを使って］

61 かぼちゃのマーラーカオ
63 かぼちゃのペースト
64 かぼちゃのメレンゲパイ
65 かぼちゃのアイスサブレサンド
68 かぼちゃの羊羹
69 かぼちゃの湯圓

71 いもくりなんきん通信
［かぼちゃ編］

あんこ

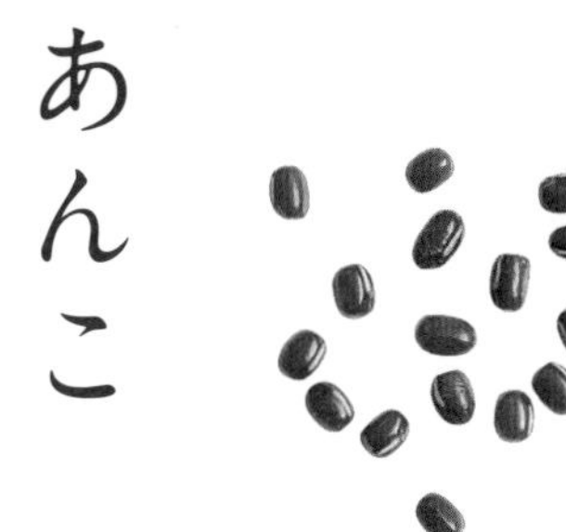

72 3種のあんこ
73 ゆで小豆のぜんざい
76 メープルあんドーナッツ
77 フルーツあんみつ
80 発酵あんこのおはぎ
81 甘酒小豆グラニテ

83 いもくりなんきん通信
［番外：あんこ編］

＊ 小さじ1は5mℓ、大さじ1は15mℓ、1カップは200mℓです。
＊ 火加減は特に指定がない場合は、中火です。
＊ オーブンの焼き時間や温度は機種によって多少異なります。レシピを目安に、様子をみながら調整してください。

さつまいも

焼きいも　p.10

干しいも　p.18

焼きいもを使って

みんな大好き、焼きいも。じっくり、ゆっくり焼くことでうまみ、糖度、香ばしさが増します。今回は紅はるか、紅あずま、シルクスイート、鳴門金時などを使いましたが、いろいろ試してお好みの食感や甘さを見つけてください。

焼きいものグラタンパイ　p.10

焼きいもタタン p.11

焼きいも

おいしい焼きいもができたなら、それだけでも充分おやつです。紅はるかや安納芋のようななめらかな食感の種類で作った焼きいもは、p.2のように半分に切ってスプーンで食べると極上のスイーツのようです。

材料　作りやすい分量

さつまいも（シルクスイート、紅はるか、
　鳴門金時など好みで）　中1本（250g前後）

作り方

1. さつまいもはよく洗い、皮つきのままアルミフォイルに包む（a）。
2. 160℃に温めたオーブンで好みのかたさになるまで焼く（1本で約80分）。
＊焼きたてもおいしいですが、いったん冷蔵庫に入れて冷やすと、より甘さが引き出されます。

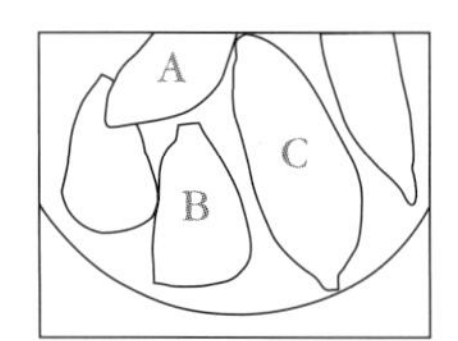

p.6のさつまいもの種類
A 紅はるか
B シルクスイート
C 鳴門金時

a

焼きいものグラタンパイ

おすすめのさつまいもはねっとり系の紅はるか。
焼くとジューシーになるので、
簡単になめらかなペースト状にすることができます。

材料　長径21×高さ5cmの楕円の耐熱容器1個分

温かい焼きいも（紅はるかなど。左記参照）　2本分（約500g）
バター（有塩）　20g
卵黄　2個分（ほぐしておく）
メープルシロップ　大さじ3
牛乳　50mℓ
パイのお菓子（"源氏パイ"なら4枚）　適量

作り方

1. 焼きいもは皮をむき、ボウルに入れ、マッシャーなどでなめらかになるまでつぶす。
2. 1のボウルにバター、卵黄⅔量、メープルシロップ、牛乳の順に入れ、その都度泡立て器でよく混ぜ合わせる。なめらかにしたい場合は、フードプロセッサーにかける。
3. 耐熱容器にパイのお菓子を砕いて敷きつめ（a）、その上に2を入れ平らにならし、残りの卵黄を表面に刷毛などでぬり、190℃に温めたオーブンで焼き色がつくまで約20分焼く。

a

焼きいもタタン

1本丸ごと、焼きいもを型に入れて作ります。
ジューシーな焼きいもときめ細かな生地がぴったりで、
仕上げにラム酒やブランデーなどを刷毛でぬってしみ込ませてもいいでしょう。
紅はるかなど、ねっとり系がおすすめです。

材料 16.5×7×高さ8cmのパウンド型1台分

焼きいも(紅はるかなど。p.10参照)
　大きめ1本分(約400g)
とき卵　1½個
バター(無塩。室温に戻す)　80g
きび砂糖　60g
メープルシロップ　大さじ1
A
薄力粉　80g
塩　小さじ¼

作り方

1. 焼きいもは皮をむき、縦半分に切る。
2. オーブンシートを敷いた型にメープルシロップを入れて底に広げ(a)、その上に1を敷きつめる(b,c)。
3. ボウルにバター、きび砂糖を入れてハンドミキサーでクリーム状になるまで攪拌する。卵を少しずつ加え、その都度混ざるまで攪拌する。Aをふるい入れ、ゴムべらでさっくり混ぜ合わせる。2に流し入れる。
4. 180℃に温めたオーブンで40〜45分焼く。

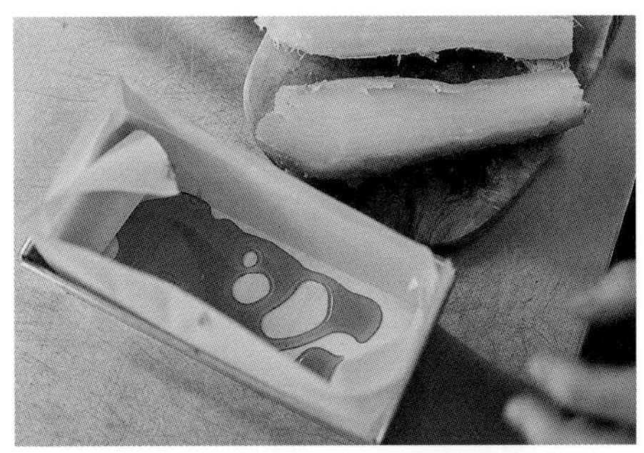
a

b

c

焼きいものきんつば　p.14

焼きいものみたらしもち　p.15

焼きいものきんつば

紅あずま、鳴門金時などほくほくとした
食感の種類のものが合います。
味と食感のアクセントにラムレーズンを加えるのがポイント。
広い面から焼くとうまくいきます。

a

b

c

d

材料 4個分

温かい焼きいも(紅あずまなど。p.10参照)
200g(正味)
きび砂糖　大さじ½
ラムレーズン　大さじ1
A
米粉　20g
白玉粉　10g
きび砂糖　大さじ½

作り方

1. 焼きいもは、ボウルに入れ、マッシャーなどでなめらかになるまでつぶし、きび砂糖を加え、へらなどでよく混ぜ合わせる。ラムレーズンも加え混ぜ合わせ、手でひとまとめにする。ラップフィルムにのせ、10cm角に形を整えて、ラップフィルムできっちりと包んで冷蔵庫で30分ほど冷やし固める。
2. ボウルにAと水50mℓ(分量外)を入れてよく混ぜ合わせる。
3. 1を4等分に切り(a)、一つの面に2の生地をつけたら(b)、中火で温めたフッ素樹脂加工のフライパンで30秒焼き(c)、次に別の面に生地をつけて焼くことを繰り返し(d)、全面を焼いていく。生地がはみ出しすぎた場合は包丁やはさみで取り除く。

焼きいものみたらしもち

9月の中秋の名月は、さつまいもの収穫時期でもあるので
「芋名月」とも呼ばれます。
ぜひ、今年はこのみたらしもちで。
甘じょっぱさが後を引く味です。

材料 約12個分

温かい焼きいも（紅あずまなど。p.10参照） 250g（正味）
片栗粉　大さじ2
米油　少々
A
メープルシロップ　大さじ2
しょうゆ　小さじ1
水　大さじ2
片栗粉　小さじ1

作り方

1. 焼きいもは、ボウルに入れ、マッシャーなどでなめらかになるまでつぶす（a）。片栗粉を加え、へらなどでよく混ぜ合わせる。
2. 12等分にし、丸めて少し平たくする（b）。
3. 中火で温めたフライパンに米油を薄くひき、2を入れ、両面に焼き色がつき火が通るまで3分ほど焼いて（c）器に盛る。
4. フライパンに混ぜ合わせたAを入れ、透き通ってとろみがついたら火を止め3の上にかける。

a

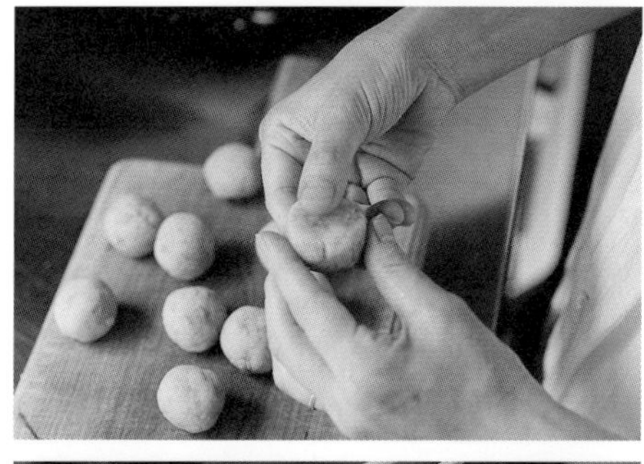
b

c

干しいもを使って

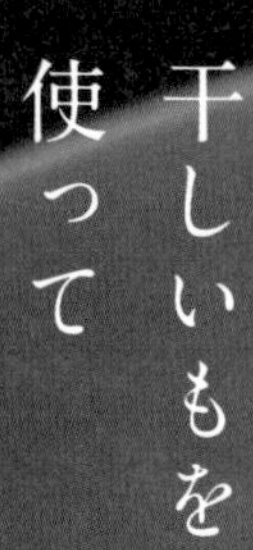

手作りならではのねっとり感と凝縮した甘みがたまりません。蒸してから時間をかけて天日干しが理想ですが、もっと手軽にオーブンでも作れます。

干しいもときな粉のグラノーラ p.19

干しいもとクリームチーズのスコーン　p.19

干しいも

作っておくと便利なおやつの保存食。
わが家でもよく作って常備しています。
さつまいもの種類ででき上がり時間や食感が変わってきます。

材料 作りやすい分量

さつまいも（紅はるか、シルクスイート、鳴門金時など）
中1本（250g前後）

作り方

1. さつまいもは洗って、蒸気の上がった蒸し器に入れ、竹串がすっと入る程度にやわらかくなるまで蒸す（a）。
2. 皮をむき、3～4等分に切って（b）、それぞれを繊維にそって厚さ1.5cmに切る（c）。
3. ざるに2を重ならないように並べ、2日間（季節による）天日干しするか、天板にオーブンシートを敷き2を重ならないように並べ、100℃に温めたオーブンで約2時間焼く（d）。仕上がりの目安は、手で触ってみて表面がくっつかない程度。

＊保存袋に入れて冬は常温、それ以外の季節は冷蔵庫で10日前後の保存が可能です。あぶったり、オーブンで温めてバターをのせたりして食べるのもおすすめです。

a

b

c

d

干しいもと
きな粉のグラノーラ

グルテンフリーの香ばしいきな粉のグラノーラは、
干しいもと相性もよく栄養豊富なので
朝食や軽食にもおすすめです。

材料 作りやすい分量

干しいも（p.18参照） 100g

A

オートミール 100g
アーモンドスライス 20g
米粉 30g
きな粉 15g
塩 ひとつまみ

B

はちみつ 大さじ3
米油 大さじ2½

作り方

1. ボウルに A を入れ、手でざっと混ぜ合わせる。
2. 小鍋に B を入れて中火にかけ、ゴムべらなどで混ぜ合わせる。沸騰したら火から下ろし 1 に回しかけ、ゴムべらで全体をまんべんなく混ぜる。
3. 2 をオーブンシートを敷いた天板に広げ150℃に温めたオーブンで30〜40分焼く。途中2、3回へらなどでかき混ぜて均等な焼き色になるようにする。温かいうちはやわらかくても、粗熱が取れるとかりっとする。
4. 一口大に切った干しいもと混ぜ合わせる。保存瓶などに入れ、約10日間保存可能。温めた牛乳や豆乳を合わせたり、好みでつぶあん（p.74）を加えても。

干しいもと
クリームチーズのスコーン

角切りにした干しいもとクリームチーズが
入っているので、食感や味のハーモニーが楽しめます。
黒こしょうでスパイシーにすれば、
ワインにもぴったりです。

材料 4個分

干しいも（p.18参照） 50g
クリームチーズ 30g
米油 大さじ1½
プレーンヨーグルト 大さじ3
黒こしょう 適量

A

薄力粉 80g
全粒粉 30g
きび砂糖 大さじ1
ベーキングパウダー 小さじ1

作り方

1. 干しいもは1.5cm角、クリームチーズは1cm角に切る。
2. ボウルにAを入れざっと手で混ぜ、米油を加えてざっと混ぜてポロポロになってきたら両手ですり混ぜる。
3. 2にヨーグルトを加えゴムべらで混ぜ、まとまってきたら1を加えてざっと混ぜ、4等分にして丸める。
4. オーブンシートを敷いた天板に3をのせ、180℃に温めたオーブンで約15分焼く。好みで黒こしょうをふっていただく。

スイートポテトブリュレ　p.22

おいもとりんごのクランブル　p.23

スイートポテトブリュレ

ほくほく系、しっとり系、お好みの種類の
さつまいもでどうぞ。中身をくりぬいたさつまいもを
そのまま器にして生地を入れ香ばしく焼きます。
皮もおいしくいただけます。

材料 約4個分

さつまいも（紅あずま、シルクスイートなど）
　中1本（約250g）
仕上げ用のきび砂糖　大さじ1

A
バター（有塩）　10g
卵黄　1個分
生クリーム　大さじ2
きび砂糖　大さじ1

作り方

1. さつまいもを4cm幅の輪切りにし、蒸気の上がった蒸し器でやわらかくなるまで20分ほど蒸す。底を残して中身をくりぬき、器のようにする（a）。
2. ボウルにAを入れ、1の中身を加えてゴムべらでよく混ぜ合わせる。
3. 2を1のさつまいもの器に詰め（b）、上にきび砂糖をふり（c）200℃に温めたオーブンで約10分、焼き目がつくまで焼く。
＊ほくほくとしたさつまいもを使用してなめらかさが足りない場合は、生クリームを少し多めにしてください。

a

b

c

おいもとりんごのクランブル

さつまいもとりんご、秋から冬にかけて
旬を迎える味の相性もいい素材同士を合わせて。
さつまいもの甘みにりんごの酸味が
アクセントになっています。

材料　長径20×14×高さ4cmの耐熱容器1個分

さつまいも（紅あずまなど）　小1本（約150g）
りんご（紅玉。なければふじなどを2/3個）　1個
とかしバター（有塩）　20g
メープルシロップ　大さじ2
アイスクリーム（好みで）　適宜
A
薄力粉　30g
アーモンドパウダー　20g
きび砂糖　20g

作り方

1. さつまいもは、皮をむき2cm角に切り、10分ほど水にさらす。水気をきり、耐熱容器に入れ、ラップフィルムをふんわりかけて5分ほど電子レンジ（600w）にかける。
2. りんごは皮つきのまま4等分に切り、芯を取り一口大に切る。
3. クランブルを作る。ボウルにAを入れ、手でざっと混ぜる。とかしバターを加え両手ですり混ぜる。指先でつまむようにしてそぼろ状にする。
4. 耐熱容器に1と2を入れ、メープルシロップを回しかけ（a）、3を散らして（b）軽く押さえる。
5. 180℃に温めたオーブンで30分ほど、表面がかりっとするまで焼く。好みでアイスクリームを添えていただく。

a

b

大学いも／さつまいもチップス　p.26

大学いも

さつまいもは乱切りにして揚げるので、
あめをからめた表面はかりっ、中はほくっという
それぞれの食感を楽しめます。最後にふりかける
粗塩がさつまいもの甘さを引き立てます。

材料　作りやすい分量

さつまいも（紅あずまなど）　中1本（250g前後）
きび砂糖　大さじ2
揚げ油　適量
粗塩　適宜

作り方

1. さつまいもは皮つきのまま乱切りにして、水に15分ほどさらしてあくを抜く。
2. 水気をしっかりふき取り、中温に温めた油で火が通るまで約8分揚げる（a）。
3. 鍋にきび砂糖、水大さじ1を入れよく混ぜ合わせ、中火にかける。沸いたら2のさつまいもを加えてあめをからめ、表面がパリッとするまで熱する（b）。器に盛って、粗塩をかける。

さつまいもチップス

大学いも同様に、ほくほく系の紅あずまなどが
向いています。塩をふりかけてもおいしいですが、
今回はパルミジャーノ・レッジャーノをかけるのがみそ！
チリペッパー、クミンなども合います。

材料　作りやすい分量

さつまいも（紅あずまなど）　中1本（250g前後）
揚げ油　適量
パルミジャーノ・レッジャーノ（好みで。おろす）　適宜

作り方

1. さつまいもは包丁、またはスライサーで薄切りにする。
2. 5分ほど水にさらし（a）、水気をしっかりふき取る。
3. 中温に温めた油に2を入れ、パリッとするまで揚げる（b）。しっかり油きりして、パルミジャーノ・レッジャーノをふる。

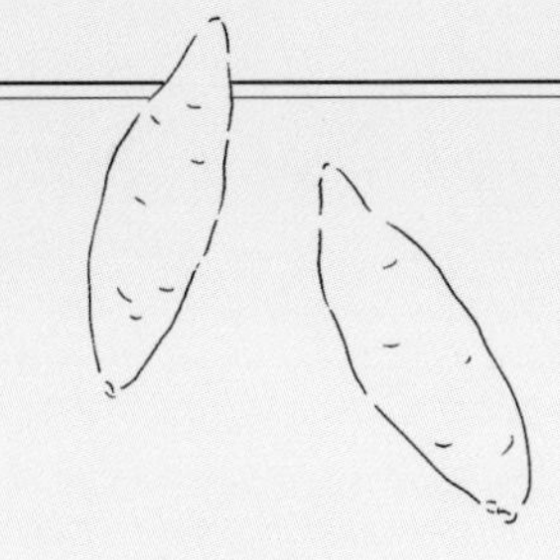

いもくりなんきん通信

［さつまいも編］

［さつまいもの思い出］

母が作る遠足のお弁当には、必ずえびフライと卵焼き、大学いもが入っていました。朝食にパンがないときは2cm角くらいに切ったさつまいもがちりばめられた、どんぶりで作る大きさの蒸しパンが出てきました。娘が幼稚園のいも掘りで、さつまいものつると大きないもをリュックいっぱいに持って帰ってきてくれたことや、父が"安納芋"や、"紅はるか"を40日以上ねかせて甘みを熟成させた大分のブランドいも"甘太くん"を作ってたくさん送ってくれたことなど、さつまいものおいしさは懐かしい記憶もよみがえらせてくれます。

［種類と味の個性］

このところ焼きいもが買いやすい価格でスーパーなどで年中売られていたり、干しいもはこれまで地方の道の駅で売られていた感じでしたが、今はどこでも手軽に買えるようになり、さつまいものニーズがぐっと増えたように感じます。いも好きにはうれしい限りです。昔ながらのほっくりしたさつまいもだけでなく、最近ではさまざまな種類が売られています。甘味とほくほく感のバランスがいい**紅あずま**は一般的によく出回っていて一番なじみがあるのではないでしょうか？　皮も果肉も色鮮やかな**鳴門金時**は、ほくほくとしながらも煮くずれしにくく、お菓子や料理にも使われ、産地でもある西日本ではよく食べられています。ここ数年でぐんぐんファンを増やしている**紅はるか**や**安納芋**は、火を通すとねっとりと蜜がたっぷりで、糖度も高く、火を通せば通すほどとろとろに仕上がりスイーツみたいです。しっとりと絹のようになめらかな**シルクスイート**も人気です。それぞれチャーミングな特徴があり、焼きいもにすると個性がわかりやすく好みのものが見つかります。作りたいお菓子や料理によって使い分けると、より個性が生きてきます。その日の気分で使い分けられるくらい通になりたい。

［さつまいもはすごい］

さつまいもは野菜の中でも食物繊維が豊富。自然の甘さも充分あるのでお菓子にしても砂糖などの甘味料を減らすことができます。干しいもにするとさらに食物繊維が多くなり、甘み、うまみも凝縮し、栄養価も上がるので健康面でもおやつにおすすめです。

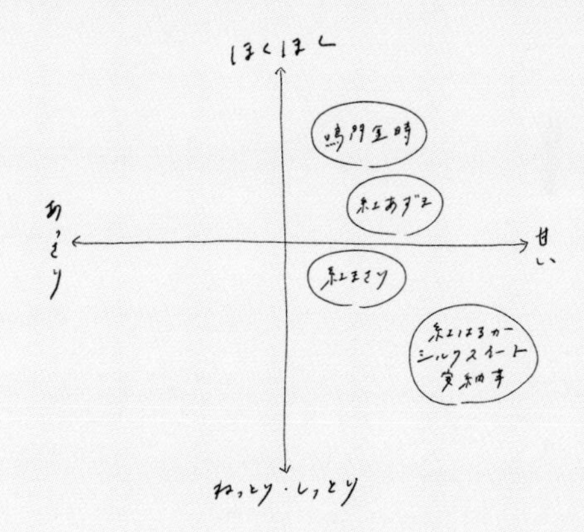

くり

栗の渋皮煮　p.30

栗の渋皮煮を使って

短い栗の旬を待って作るのが楽しい保存食です。大切に保存して、いろいろな食べ方で楽しんでいます。煮汁（シロップ）も捨てずに煮つめて冷蔵庫で保存しておくと、栗のうまみが詰まった甘味料として活用できます。

渋皮煮のフレンチトースト　p.31

栗の渋皮煮

鬼皮むきは人それぞれやり方がありますが、
私は使い慣れた刃がギザギザの小型のナイフを
使っています。筋が残っていると口当たりが悪いので
手間でも丁寧に取り除いてください。
シロップも捨てずに活用を（p.31参照）。

材料　作りやすい分量

栗　500g
重曹　小さじ2
きび砂糖　300g
塩　ひとつまみ
ブランデーやラム酒（好みで）　少々

作り方

1. 栗はたっぷりの水に一晩つけるか、熱湯に1時間つける（a）。
2. 栗の水気をふき、包丁で渋皮を傷つけないように鬼皮をむく（b）。
3. 鍋にたっぷりの水を入れ重曹の半量（c）、栗を入れ強めの中火にかける。沸騰したら弱火にし、あくを取りながら30分ほどゆでる（d）。
4. 水が透明になるまで流水で水にさらす（e）。
5. 3〜4の作業をもう一度繰り返す。栗に竹串がすっと刺されば OK（f）。
6. 栗の黒く大きな筋を指や竹串で丁寧に取り除く（g）。
7. 鍋に栗とかぶる程度の水、きび砂糖の半量を入れ（h）、ペーパータオルで落としぶたをして（i）弱火で20分煮る。残りの砂糖、塩を加え、さらに弱火で20分煮る。好みでブランデーやラム酒を加える。密閉容器に入れ（j）、冷蔵庫で約2週間保存可能。
   ＊長期保存の場合は、消毒した瓶に入れ、脱気をする方法がおすすめです。

a

b

c

d

e

f

g

h

i

j

渋皮煮のフレンチトースト

卵は使わず、牛乳と栗の渋皮煮のシロップにパンを
浸して作ります。たっぷりの渋皮煮にシロップをかけて！
シンプルな食べ方ながら、手をかけた渋皮煮の味が
堪能できる上等なデザートのようです。

材料　1人分

栗の渋皮煮（p.30参照）　2個
牛乳　50mℓ
煮つめた栗の渋皮煮の
　シロップ（下記参照）　大さじ1＋適宜
食パン（4枚切り）　1枚
バター（有塩）　適宜

作り方

1. バットに牛乳と栗の渋皮煮のシロップ大さじ1を混ぜ合わせ、食パンの両面につけて約3分浸しておく。その間に栗の渋皮煮を粗めに砕く。
2. フライパンにバターを入れて中火にかけ、とけたら1の食パンの両面をきつね色になるまで焼く。
3. 1の渋皮煮を2の食パンの上にのせ、渋皮煮のシロップをかける。

栗の渋皮煮のシロップの煮つめ方

小鍋に渋皮煮のシロップを入れ、シロップが半量になるまで煮つめる。多めに作って密閉容器に入れ、冷蔵庫で保存しておくと便利。

渋皮煮のパイ p.35

渋皮煮のガトーショコラ

どこを切っても栗の渋皮煮が出てくる
幸せな焼き菓子です。
ビターチョコレートを使ったほどよい甘さの、
粉類不使用の生地がしっとり、軽やかな大人の味です。

材料 直径15cmの丸型1台分

栗の渋皮煮　8個
卵　3個(卵黄と卵白に分ける)
きび砂糖　50g
アーモンドパウダー　大さじ1
ラム酒(好みで)　少々
A
チョコレート(ビター)　100g(細かく刻む)
米油　¼カップ
B
アーモンドパウダー　大さじ1
ココアパウダー　大さじ2

作り方

1. ボウルにAを入れ湯せんにかけて、なめらかになるまでとかす。
2. 別のボウルに卵黄ときび砂糖の半量を入れ泡立て器でよく混ぜ合わせる。合わせてふるったB、1の順にボウルに加え、その都度よく混ぜ合わせる。
3. 別のボウルに卵白を入れ五分立てにし、残りのきび砂糖を3回に分けて加え角がピンと立つくらいまで泡立ててメレンゲを作る。
4. 2に3を3回に分けて加える。1回目は泡立て器でよく混ぜ2、3回目はゴムべらでさっくりと混ぜ合わせる。
5. 4をオーブンシートを敷いた型に流し入れて、栗の渋皮煮を均等に入れ、アーモンドパウダーを散らし、170℃に温めたオーブンで30〜40分焼く(a)。好みで仕上げにラム酒を刷毛でぬる。

a

渋皮煮のパイ

栗を丸ごと1個入れたミニパイです。
パイシートは手軽な市販品もありますが、ぜひ手作りを。
格段に味が違います。バターの風味、
さくさくっとした食感がたまりません。

材料 マフィン型6個分

栗の渋皮煮　6個
卵黄　1/2個分
打ち粉（薄力粉）　適量
粉糖　大さじ1

［パイ生地］
バター（無塩。1cm角に切る）　50g
薄力粉　40g
強力粉　30g
塩　ひとつまみ

作り方

1. パイ生地を作る。フードプロセッサーにパイ生地の材料を入れ、さらさらになるまで攪拌する。さらに冷水40mℓを加えひとまとめになるまで攪拌し、ラップフィルムに包み冷蔵庫で30分以上冷やす。
2. 1の生地を打ち粉をした台の上にのせ、めん棒で薄くのばす。左右から3等分に折り（a）、さらに上下も3等分に折ってからめん棒で薄くのばす（b）。これを3回繰り返し、縦約14×横約21cmにし、縦3等分、横半分に切って、7cm角の正方形6枚にする（c）。
3. マフィン型に薄く油かバター（分量外）をぬり、2の生地を敷きつめる。表面に卵黄を刷毛でぬり（d）、その上に栗の渋皮煮を1個ずつのせてぎゅっと押し（e）、パイ生地で覆うようにする。200℃に温めたオーブンで15～20分焼く。
4. 粉糖に水小さじ1/2（分量外）を加えて混ぜ合わせアイシングを作る。冷めた3の上にスプーンで線を描くようにたらす。

＊パイ生地は冷凍保存も可能です。

a

b

c

d

e

ゆで栗を使って

ゆでた栗はしっとり、ほくほく。気軽に中身をくりぬいておくだけで秋の味覚に応用できます。（ゆで栗 p.38）

栗きんとん　p.39

栗のテリーヌ p.39

ゆで栗

栗本来の味がわかるゆで栗。
シンプルだからこそ栗のよしあしが味を左右します。
渋皮煮より気を使わずお菓子作りに活用できるので、
多めに作って保存しておくと便利です。

材料 作りやすい分量

栗　適量

作り方

1. 鍋に栗とたっぷりの水を入れ、中火にかける(a)。沸騰したら火を少し弱め栗に火が通るまで1時間ほどゆでる。
2. 温かいうちに半分に切り(b)、スプーンで中身をくりぬく(c)。

＊保存袋に入れ、冷蔵庫で2〜3日、冷凍庫で約1か月保存可能です。

a

b

c

栗きんとん

つぶしたゆで栗に穏やかな甘さの和三盆を混ぜただけ。
栗そのものを味わう和菓子です。
ゆで栗は粗めにつぶせば食感も残って楽しめます。
丁寧につぶせばなめらかに、粗めにつぶせば栗感が。

材料　8個分

ゆで栗（p.38参照）　200g
和三盆（なければきび砂糖）　40g

作り方

1. ゆで栗をすり鉢で好みの加減につぶす（a）。
2. 鍋にゆで栗、和三盆を入れ弱火にかけ、和三盆が溶けたら火から下ろし8等分に丸める。
3. ガーゼやふきんに包み、ぎゅっと上の部分をひねって形を整える（b）。

a

b

栗のテリーヌ

ゆで栗にメープルシロップ、とかしバターや
生クリームなどを混ぜて冷やし固めただけなのに、
満足感いっぱいのお菓子に。なめらかな舌触りです。

材料　14×7.5×高さ5cmのテリーヌ型1台分

ゆで栗（p.38参照）　250g
A
メープルシロップ　大さじ2
とかしバター（無塩）　30g
生クリーム　30g
塩　ひとつまみ
ラム酒（好みで）　少々

泡立てた生クリーム　適宜

作り方

1. ゆで栗とAをフードプロセッサーに入れ、なめらかになるまで攪拌する。
2. ラップフィルムを敷いた型に1を入れ、ゴムべらで表面をなめらかにしてから（a）、ラップフィルムで覆う。冷蔵庫で3時間〜一晩冷やし固める。
3. 2を好みの大きさに切り、泡立てたクリームを添える。

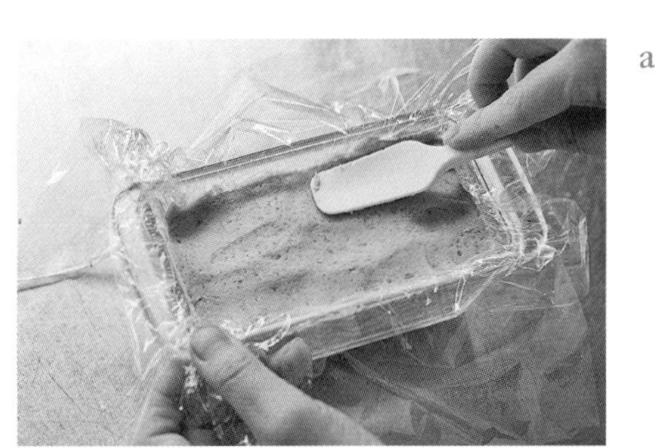
a

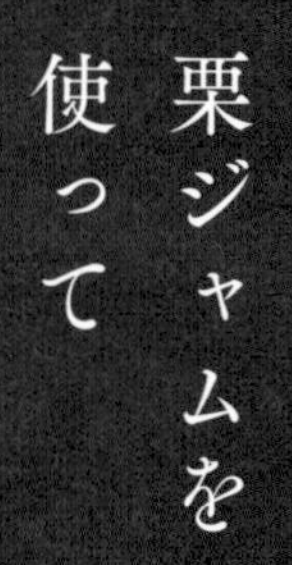

栗ジャムを使って

ほぐしたゆで栗のつぶつぶ感が楽しめるジャムです。保存がきくので栗菓子に幅広く活用でき、おすそわけにも喜ばれます。

栗のティラミス p.42

モンブラン　p.43

栗ジャム

今回は透明感のある仕上がりの洗双糖を使いましたが、
きび砂糖でも同様に作れます。
風味づけとして最後にブランデーなどを
加えるのがおすすめです。

材料 作りやすい分量

ゆで栗　500g（正味）
洗双糖　100〜150g（ゆで栗の重量の20〜30%）
塩　ひとつまみ
ブランデーやラム酒など（好みで）　適宜

作り方

1. 鍋にゆで栗とひたひたの水、洗双糖、塩を入れ(a)、中火にかける。沸いたら弱火にし、ゴムべらなどでとろみが少しつくまで5〜10分炊く。好みでブランデーやラム酒を加え、混ぜ合わせる。消毒した瓶に入れ、冷蔵庫で約2週間保存可能。

a

栗のティラミス

透けて見える層がきれいなグラスデザートの
ティラミスは、栗ジャムとマスカルポーネチーズ、
そしてコーヒーの混ざり合う味が絶妙です。

材料 2人分

栗ジャム（左記参照）　50g
ラム酒　少々
フィンガービスケット　4本
濃めのコーヒー　50mℓ
仕上げ用
　シナモンパウダー　少々

A
マスカルポーネチーズ　60g
卵黄　½個分
生クリーム　大さじ2
メープルシロップ　小さじ1

作り方

1. 栗ジャムと熱湯大さじ1、ラム酒を混ぜ合わせる。ボウルにAを入れ、よく混ぜ合せる。
2. グラスにフィンガービスケット2本を砕いて入れ
3. コーヒーの半量を注ぐ。そこに栗ジャム、2を交互に入れ(a)、上にシナモンパウダーをふる。

a

モンブラン

栗ジャム、ゆで栗、栗の渋皮煮などにメレンゲクッキー、
クレームシャンティを贅沢に組み合わせた
イギリスのお菓子"イートンメス"的な私流のモンブラン。
こんもり小高く盛りつけてアールグレイの香りを
つけたメレンゲがポイントです。

材料 2人分

栗ジャム(p.42参照) 適宜
ゆで栗 2個分
あれば栗の渋皮煮 4個
泡立てた生クリーム 約1カップ
メレンゲクッキー 適量(右記参照)
ホワイトチョコレート 少々

作り方

1. 大きめに砕いたメレンゲクッキーを器に重ねて入れ、栗ジャム、泡立てた生クリーム、薄くスライスした栗の渋皮煮をランダムにのせていき(a)、上にほぐしたゆで栗、さらにホワイトチョコレートをすりおろしてかける。

a

メレンゲクッキーの作り方

そのままでもおいしくいただけます。
湿気やすいので、保存する場合はできれば
乾燥剤とともに密閉袋に入れて。

材料 作りやすい分量

冷えた卵白 1個分
粉糖 30g
コーンスターチ 20g
アールグレイの茶葉(ティーバッグ) 1g

作り方

1. ボウルに卵白を入れ、ハンドミキサーで泡立てる。少し泡立ったら粉糖を3回に分けて加え、ピンと角が立つかたさにする。
2. コーンスターチ、アールグレイの茶葉も加えて、よく混ぜ合わせる。
3. オーブンシートを敷いた天板の上に大さじ1くらいずつ落として100℃に温めたオーブンでカリッとするまで80分ほど焼く。

栗ジャムとカシスのレイヤーケーキ p.46

栗のウェルシュケーキ　p.47

栗ジャムとカシスの
レイヤーケーキ

ふわふわのビスキュイ生地に、栗ジャムと泡立てた生クリーム、
そしてカシスジャムをたっぷりはさみます。
栗ジャムの甘さに、カシスの酸味がぴったりのケーキです。

材料 直径約18cmのもの1個分

[生地]

卵黄　1個分
卵白　2個分
きび砂糖　40g
薄力粉　40g
粉糖・薄力粉　各小さじ1
栗ジャム（p.42参照）　約200g
カシスジャム　約100g
泡立てた生クリーム　約150g

作り方

1. 生地を作る。ボウルに卵黄、きび砂糖の半量を入れ、泡立て器で白っぽくもったりとなるまで泡立てる。
2. 別のボウルに卵白を入れ、ハンドミキサーで泡立てる。白っぽくなったら残りのきび砂糖を2回に分けて加え、しっかりとしたメレンゲを作る。
3. 1のボウルに2のメレンゲの⅓量を加え、泡立て器でよく混ぜる。さらにメレンゲの⅓量を入れ、ゴムべらでさっくりと混ぜ合わせる。残りも同様に混ぜ合わせる。薄力粉をふるい入れ、粉気がなくなるまでゴムべらでさっくりと混ぜ合わせる。
4. オーブンシートを敷いた天板に3を丸くこんもりとのせ、混ぜ合わせた粉糖と薄力粉をふるいながら表面にかける。
5. 180℃に温めたオーブンで20分ほど焼く。冷めたら横半分に切り（a）、栗ジャム（b）、泡立てた生クリーム（c）、カシスジャムをのせてはさむ（d）。

a

b

c

d

栗のウェルシュケーキ

ウェルシュケーキはイギリスの伝統菓子で、
型で抜いた生地をフライパンで焼いたパンケーキのようなもの。
今回は栗ジャムをサンドして、温かい紅茶に合う一品です。

材料 直径6cmの菊型8個分

栗ジャム（p.42参照） 大さじ2⅔
バター（無塩） 40g
きび砂糖 適宜
米油 少々

A
薄力粉 90g
ヘーゼルナッツパウダー 10g
きび砂糖 10g
ベーキングパウダー 小さじ½
塩 ひとつまみ

B
卵 ½個
牛乳 大さじ1

作り方

1. バターは、1cm角に切り、Aとフードプロセッサーに入れ、さらさらになるまで攪拌する。
2. 1をボウルに移し、合わせたBを加え、ゴムべらでさっくりと混ぜ合わせひとまとめにする。
3. 2の生地を打ち粉（薄力粉。分量外）をした台にのせ、3mmの厚さにめん棒でのばし（a）、型で16枚抜く（b）。1枚の上に栗ジャム小さじ1ほどをのせ（c）もう1枚をかぶせる（d）。
4. ボウルにきび砂糖を入れておく。3を薄く米油をひいたフライパンに並べて弱火にかけ、じっくりときつね色になるまで両面を焼き、熱いうちにきび砂糖を全面にまぶす。

a

b

c

d

栗のお汁粉　p.50

栗のお汁粉

栗ジャムに水を加えて作るお汁粉です。
ポイントは、仕上げにふりかけるほうじ茶の
茶葉の効果で、甘さの後に口の中がさっぱりとします。
絹ごし豆腐で作った白玉もなめらかもちもちです。

材料 2人分

栗ジャム（p.42参照） 200g
白玉粉 50g
絹ごし豆腐 60g
ほうじ茶の茶葉 適宜

作り方

1. 栗ジャムと水½カップを鍋に入れ中火にかけ（a）、全体を混ぜて沸騰する直前まで温める。
2. 白玉を作る。白玉粉と豆腐をボウルに入れ、よく混ぜ合わせひとまとめにし10等分に丸める（b）。鍋で湯を沸かし、白玉を入れ、浮いてきたら冷水にとる。
3. 器に1を注ぎ、2の白玉を入れる。ほうじ茶の茶葉は大きかったら細かくしてから、ふりかける。

a

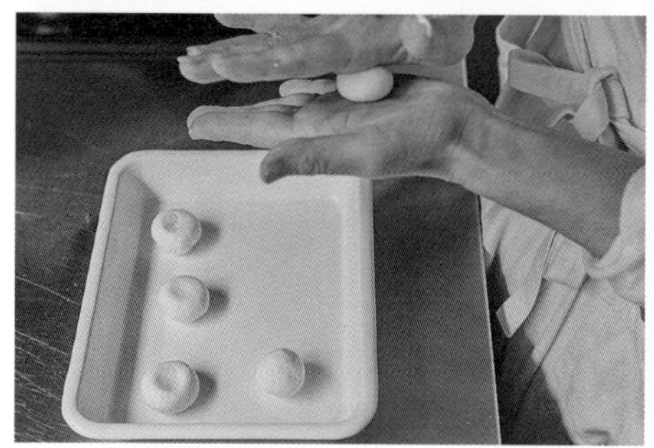

b

いもくりなんきん通信

［くり編］

［くりの思い出］

初秋、朝晩に涼しい風が吹き始める頃、栗がお店に並び始めると大分の父の実家や近所の知人の家で、皆でいがで痛い思いをしながら栗拾いをしたこと、自然食品店で大量の皮むきをしてざっくり手を切ったことなど、栗にまつわる思い出はいくつもあります。子どもの頃はさほど好きではなかった栗のお菓子。なんでしょう、年々気になってくる。栗のおいしさ、貴重さ、調理に手間ひまがかかっていることを知ってしまうとより一層食べたくなります。

［私の定番くり仕事］

旬が短く、調理に時間がかかるのでこの時期を逃さないように、スケジュールを立てて栗仕事に臨みます。いろいろな種類を作ったこともありますが、今は秋の間に食べきれるくらいの量のゆで栗、ゆで栗から栗ジャム、渋皮煮を仕込んでおいて、それを使ってお菓子にするのが私の定番です。少しがんばって仕込んでおけば、家でも手軽に食べられるのです。

［渋皮煮のシロップ］

渋皮煮を食べ進めていくとシロップが余ってきます。シロップにも栗のエキスがしみ込んでいて、煮つめることでおいしい調味料になります。はちみつや、メープルシロップ代わりに使ってみてください。

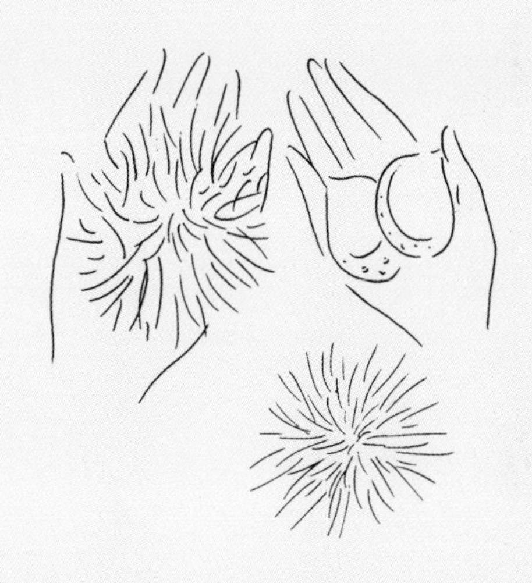

かぼちゃ

かぼちゃのドーナッツ　p.54

かぼちゃのドーナッツ

かぼちゃの甘みがやさしい、イーストのドーナッツ。
こねずに少量のイーストで長時間発酵させます。
また、高めの温度で短時間揚げることで、
中はとろっと、ふわふわです。

材料 6個分

かぼちゃ（蒸して皮を取ったもの） 50g
強力粉 100g
薄力粉 40g
きび砂糖 20g
塩 2g
ドライイースト 2g
卵黄 1個分
牛乳 80mℓ
バター（無塩。室温に戻す） 30g
揚げ油 適量
きび砂糖 適量
シナモンパウダー（好みで） 少々

準備

牛乳はぬるま湯程度に温める。
オーブンシートを10cm角に6枚切っておく。

1. 大きめの密閉容器にかぼちゃを入れて、粗めにつぶす。材料を上から順にドライイーストまで入れる（塩とドライイーストが触れるとふくらみが悪くなるので、触れないように入れる）。卵黄、牛乳も加え、スケッパーやゴムべらで混ぜ合わせる。ある程度混ざったらバターも加え、まんべんなくバターが行き渡るように混ぜ合わせる。
2. ふたをして冷蔵庫の野菜室で12～24時間ねかせて発酵させる（一次発酵）。
3. 冷蔵庫から出して20分ほどおき、打ち粉（薄力粉。分量外）をした台の上で生地を6等分にする。手でつぶしてガスを抜き、生地を張るようにしながら丸め（a）、1個ずつオーブンシートにのせる（b）。
4. 天板に並べ30～35℃に設定したオーブンに入れ、約2倍にふくらむまで40分～1時間ほどおく（二次発酵）。
5. 鍋にドーナッツの高さの半分程度の油を入れ180℃前後に温め、4をシートにのせたまま入れる（c）。シートは生地から離れたら取り出す。片面1分半ずつ両面を揚げる（d,e）。
6. バットにきび砂糖とシナモンパウダーを入れて混ぜ、5が熱いうちにまぶす（f）。

a
b
c
d
e
f

かぼちゃのマフィンサンド　p.58

かぼちゃのバスクチーズケーキ　p.59

かぼちゃのマフィンサンド

かぼちゃは皮つきのまま蒸したものを使うので、
彩りもよく皮の食感もアクセントに。
きび砂糖の甘さを加えたクリームチーズをはさんで、
朝食にもおやつにもおすすめです。

材料 直径7×高さ3cmのマフィン型 6個分

かぼちゃ（皮つきで一口大に切って蒸したもの） 200g
卵 1個
はちみつ 大さじ2
生クリーム 80mℓ
アーモンドパウダー 大さじ2
サラダ油 適宜
A
薄力粉 100g
アーモンドパウダー 20g
ベーキングパウダー 小さじ1½
ジンジャーパウダー、シナモンパウダー 各少々

フェンネル 適量

［クリーム］作りやすい分量
バター（有塩。室温に戻す） 30g
きび砂糖 50g
クリームチーズ（室温に戻す） 100g

作り方

1. クリームを作る。ボウルにバター、きび砂糖を入れ、泡立て器でなめらかになるまでよく混ぜる。クリームチーズも加えさらによく混ぜ、冷蔵庫で冷やしておく。
2. マフィンを作る。ボウルに卵を割りほぐし、はちみつ、生クリームを加えてその都度泡立て器でよく混ぜる。混ぜ合わせたAをふるい入れてさっと混ぜ、粉っぽさがなくなったらかぼちゃを加え、さっと混ぜる。
3. サラダ油をぬった型に2の生地を入れ、上にアーモンドパウダーを散らす。170℃に温めたオーブンで15〜20分焼く。
4. 型から取り出し粗熱が取れたらマフィンの上1cmのところを切り、1のクリームを絞り袋に入れて絞り出すかスプーンでのせてはさむ。フェンネルを添える。

かぼちゃのバスクチーズケーキ

かぼちゃとクリームチーズ、生クリームを同量で作る、
かぼちゃと濃厚なチーズの風味とクリーミーさが
味わえるケーキです。塩は生地には加えず、
いただくときに粗塩を散らすのがポイントです。

材料 直径15cmの丸型1台分

かぼちゃ（一口大に切って蒸し、皮を取ったもの） 200g
クリームチーズ 200g
生クリーム 200mℓ
卵 2個
きび砂糖 50g
薄力粉 大さじ1
粗塩 少々

作り方

1. オーブンシートを水でぬらし、ぎゅっと絞って型に敷く。
2. 塩以外の材料をミキサーに入れなめらかになるまで攪拌する。
3. 2の生地を1の型に流し入れ、220℃に温めたオーブンで40～45分焼く(a,b)。食べるときに塩を散らして。

a

b

かぼちゃのプリン p.62

かぼちゃのペーストを使って

じっくり蒸したかぼちゃはなめらかで、簡単にペーストが作れます。作りおきして、色も鮮やかなかぼちゃのお菓子を作ってみてください。
（かぼちゃのペースト　p.63）

かぼちゃのマーラーカオ　p.63

かぼちゃのプリン

パウンド型に入れオーブンで蒸し焼きする、
どっしりとかぼちゃ多めのプリンです。
カラメルは煙が出てきたら濃い茶色になるまで
我慢して焦がすのが香ばしく仕上がるこつ。

材料　18×8×高さ6cmのパウンド型1台分

きび砂糖　50g

A

かぼちゃ（一口大に切って蒸し、皮を取ったもの）　130g
卵　2個
卵黄　1個分
きび砂糖　50g

B

牛乳　200mℓ
生クリーム　80mℓ
ラム酒（好みで）　少々

作り方

1. カラメルソースを作る。小鍋にきび砂糖と水大さじ1を入れ混ぜ合わせ、強めの中火にかける。煙が出て周りが茶色く色づいてきたら鍋をゆすりながら濃い茶色になるまで火にかける。いったん火から下ろし熱湯大さじ1を加え、濃さが均一になるように鍋を回す。熱いうちに型に流し入れ、冷蔵庫で冷やし固める。
2. ミキサーにAの材料を入れなめらかになるまで攪拌する。Bも加えさらに均一に混ざるまで攪拌する。
3. こしながら型に流し入れ、ペーパータオルで表面の泡を取る。

a

b

c

4. 150℃に温めたオーブンに入れ、熱湯を天板にひたひたになるように注ぎ入れ約80分湯せん焼きにする。途中、表面が焦げそうになったらアルミフォイルをかぶせる。中央に竹串を刺して何もついてこなければ焼き上がり(a)。
5. 粗熱が取れたら冷蔵庫で冷やす。ナイフで型の内側をぐるりと1周してお皿をかぶせ(b)、逆さまにして取り出す(c)。

かぼちゃのペースト

このペーストを利用していろいろなお菓子が
手軽にできるので便利です。保存は密閉袋に入れて
冷蔵庫で2日間、冷凍庫なら約1か月です。
皮も捨てずにおいしく召し上がってくださいね。

材料 作りやすい分量

かぼちゃ　½個(約800g)

作り方

1. かぼちゃを皮つきのまま一口大に切り、蒸気の上がった蒸し器でやわらかくなるまで蒸す(a)。
2. 皮をナイフで切り落とし(b)、果肉をボウルに入れてマッシャーなどでペースト状になるまでつぶす。

a

b

かぼちゃのマーラーカオ

ふわふわでやさしい味わいの中国風の蒸しパン、
マーラーカオを米粉とかぼちゃのペーストで作ります。
ローストしたかぼちゃの種を散らして
食感もプラスします。

材料 内径15cmの蒸籠1個分

かぼちゃのペースト(左記参照)
　100g
卵　2個
米粉　150g
ベーキングパウダー　大さじ½
かぼちゃの種(ロースト)　15g

A
きび砂糖　50g
米油　大さじ2
豆乳　50mℓ
しょうゆ　小さじ½

作り方

1. ボウルに卵を割りほぐし、Aを上から順に入れ、かぼちゃのペーストも加えて、その都度泡立て器でよく混ぜる。
2. 1に米粉とベーキングパウダーも加え、粉気がなくなりとろっとするまでよく混ぜ、オーブンシートを敷いた蒸籠に流し入れてかぼちゃの種を散らす。
3. 湯が沸騰した鍋にのせ、強火で25分ほど蒸す(a)。

a

かぼちゃのメレンゲパイ　p.66

かぼちゃのアイスサブレサンド p.67

かぼちゃのメレンゲパイ

かぼちゃのペーストを使った
カスタードクリームたっぷりのメレンゲパイ。
メレンゲとレモンのしぼり汁や仕上げに皮のすりおろしを
加えて、こっくりした中にさわやかさを。

材料 直径18cmのタルト型1台分

［かぼちゃのカスタード］ でき上がり約450g
かぼちゃのペースト（p.63参照） 200g
牛乳 200mℓ
バニラビーンズ 1/4本
A
きび砂糖 50g
卵黄 2個分
コーンスターチ 大さじ2½

［パイ生地］
バター（無塩。1cm角に切る） 50g
薄力粉 40g
強力粉 30g
塩 ひとつまみ

［メレンゲ］
冷えた卵白 2個分
きび砂糖 40g
レモン汁 小さじ1

レモンの皮 適宜

作り方

1. かぼちゃのカスタードを作る。ボウルにかぼちゃのペーストを入れ、Aを上から順に入れ泡立て器でその都度よく混ぜる。
2. 鍋に牛乳とバニラビーンズを入れ、弱めの中火にかける。ふつふつとしてきたら1を3回に分けて加えその都度よく混ぜる。ぷくぷくとしてきたら火を弱め、絶えずかき混ぜ、つやが出てとろみがついたら火から下ろす。バットに移し、表面にラップフィルムをかけ、粗熱が取れたら冷蔵庫で冷やす。
3. パイ生地を作る。フードプロセッサーにパイ生地の材料を入れ、さらさらになるまで攪拌する。さらに冷水40mℓを加え、ひとまとめになるまで攪拌し、ラップフィルムに包み冷蔵庫で30分以上冷やす。
4. 3の生地を打ち粉（薄力粉。分量外）をした台の上にのせ、めん棒で薄くのばす。左右から3等分に折り、めん棒で薄くのばすのを3回繰り返し、型より一回り大きめにのばし、型に敷きつめる。フォークで穴をあけアルミフォイルを敷き、重石（タルトストーン）をのせ200℃に温めたオーブンで20分焼く。
5. メレンゲを作る。ボウルに卵白を入れハンドミキサーで泡立てる。白っぽくふんわり泡立ったらきび砂糖を3回に分けて加え、角がピンと立つメレンゲを作る。レモン汁も加えさっくりと混ぜる。
6. 4のパイの上に2のかぼちゃのカスタードを敷きつめ、その上に5のメレンゲをこんもりのせる。
7. 200℃に温めたオーブンで焼き色がつくまで約10分焼く。粗熱が取れたらレモンの皮をすりおろしてかけ（a）、冷蔵庫で冷やす。

a

かぼちゃのアイスサブレサンド

塩気がきいたかぼちゃのサブレだけでもおいしくいただけますが、
クリーミーなかぼちゃのアイスとの
一体感がたまらないアイスサンドです。

a

b

材料 直径6cmの菊型7個分

[サブレ]
かぼちゃのペースト(p.63参照)　50g
バター(無塩。室温に戻す)　60g
きび砂糖　50g
卵黄　1個分
かぼちゃの種(ロースト。粗く砕く)　適宜
A
薄力粉　100g　　塩　ひとつまみ
アーモンドパウダー　20g

かぼちゃのアイス　約550g(右記参照)
塩　少々

作り方

1. ボウルにやわらかくなったバターときび砂糖を入れ、泡立て器ですり混ぜる。砂糖が溶けたら、卵黄、かぼちゃのペーストも加えその都度よく混ぜる。Aをふるい入れ、ゴムべらでさっくりと混ぜ、かぼちゃの種も加えさっと混ぜひとまとめにする。ラップフィルムに包み冷蔵庫で1時間ほど冷やす。
2. 打ち粉(薄力粉。分量外)をした台の上に置き、めん棒で3mmの厚さにのばし型で14枚抜く。オーブンシートを敷いた天板に重ならないように並べて塩をふり(a)、150℃に温めたオーブンで20分焼く。
3. サブレが冷めたらかぼちゃアイスをディッシャーで1スクープ程度とり(b)、サブレではさんでラップフィルムで包み、冷凍庫で凍らせる。

かぼちゃのアイスの作り方

かぼちゃのカスタードに生クリームを
混ぜて凍らせるだけ。
凍る間に何度か混ぜるとよりなめらかに。

材料 でき上がり約550g
かぼちゃのカスタード　約450g(p.66)
生クリーム　100mℓ

作り方

1. かぼちゃのカスタード(p.66　作り方1〜2参照)に生クリームを加えよく混ぜ合わせる。バットなどに入れ冷凍庫で凍らせる。

かぼちゃの羊羹　p.70

かぼちゃの湯圓　p.70

かぼちゃの羊羹

つるんと、のどごしのいい羊羹は、
かぼちゃベースの羊羹の上に、甘さを加えた寒天を流して
2層に仕上げます。柚子の香りがさわやかで、
お茶うけにも、食後のデザートにも。

材料 14×11×高さ4.5cmの流し缶1台分

かぼちゃのペースト（p.63参照） 200g
青柚子の皮 適宜

A
きび砂糖 大さじ3
粉寒天 1g

B
きび砂糖 小さじ1
粉寒天 1g弱

作り方

1. かぼちゃの羊羹を作る。鍋にAと水1½カップを入れ、ゴムべらでよく混ぜ合わせ中火にかける。沸騰したら弱火にし2分ほど煮る。火を止めてかぼちゃのペーストを加えてよく混ぜ合わせ、水にぬらした流し缶に入れる（a）。
2. 鍋にBと水½カップを入れてゴムべらでよく混ぜ合わせ、中火にかける。沸騰したら弱火にし2分ほど煮る。火を止めて少し温度が下がったら1の上に流し入れ、柚子の皮をすりおろす（b）。粗熱が取れたら冷蔵庫で1〜2時間冷やし固め、好みの形に切り分ける。

a

b

かぼちゃの湯圓（タンエン）

中国では冬至や春節の際に食べる白玉粉で作るお団子、
湯圓のかぼちゃバージョンです。
冷たいのもおいしいので、その場合はでき上がった湯圓を
いったん冷水にとって冷やしてください。

材料 2〜3人分

かぼちゃのペースト（p.63参照） 60g
白玉粉 50g

A
しょうがの薄切り 1かけ分
メープルシロップ 50mℓ
シナモンスティック 1本

作り方

1. 鍋にAと水150mℓを入れて中火にかけ、5分ほど煮る。
2. ボウルに白玉粉を入れ、かたまりをほぐしかぼちゃのペーストを加えてなめらかになるまでこねる。10等分にして丸める（a）。
3. たっぷりの熱湯が沸いたところに2を入れ、浮いてくるまでゆでる（b）。
4. 熱いうちに器に1を注ぎ3を加える。

a
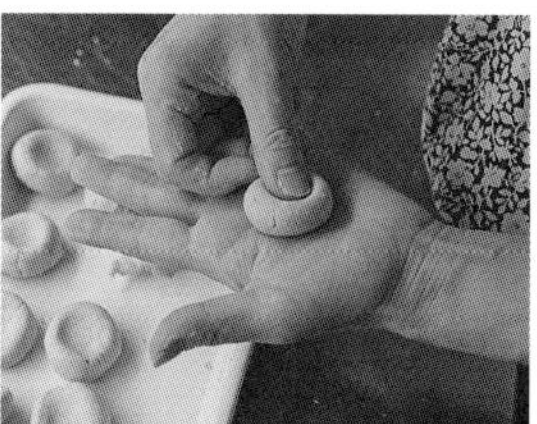
b

いもくりなんきん通信

[かぼちゃ編]

[かぼちゃの選び方]

ほどよい甘さと鮮やかな黄色のかぼちゃは、お菓子を華やかに仕上げてくれます。食べごたえもあり、栄養もあるし、かぼちゃのお菓子を目にすると手に取りがちな私です。かぼちゃも種類は多いですが、大きく分類するとほくほくとした西洋かぼちゃ、(主に"栗かぼちゃ")、水分の多い日本かぼちゃ、ハロウィンなどで使われるペポかぼちゃに分かれます。お菓子では、ほくほくと甘みの強い西洋かぼちゃが向いています。栗かぼちゃの一種"えびすかぼちゃ"がよく見かける種類です。かぼちゃは、夏に実がなりますが、まだ甘みもやさしく水分も多い感じです。お菓子作りには、秋、冬に向けて水分が減り、栄養を蓄え熟成されて甘みが増してきたほっくりとしたかぼちゃが向いています。かぼちゃを買うときは、丸ごとの場合はヘタの周りが乾燥してへこんでいるもの、皮につやがありずっしりしてるものを選びます。カットの場合は、鮮やかな色、皮と果肉のコントラストが強いもの、種が厚く均一にずっしり入っているものを。

[冷凍かぼちゃ]

手に入りにくい時期は、冷凍のものもおすすめです。旬の時期に急速冷凍しているので価格、品質も安定していてカットされているので助かります。

[かぼちゃの皮の活用法]

どうしても黄色を生かしたくてお菓子にすると、皮が余りがち。皮の食感も好きで栄養たっぷりなので私は天ぷらにしたり、蒸したものであればサラダにトッピングしたりしています。

[栄養豊富な種]

種もスーパーフードに匹敵するくらい栄養があります。種の周りのわたやぬめりを洗い流し、水気をきって乾燥させます。乾燥したらフライパンでいったり、オーブンで加熱したりします。殻が少し色づいたら殻を取り除いて種を取り出せば、そのままでも食べられます。お菓子のトッピングにも。

あんこ

3種のあんこ

小豆がやわらかくおいしく炊けたら、すっきりした味わいのゆで小豆、煮つめてこっくりしたつぶあん、砂糖を使わず米麹で発酵させる発酵あんこ、と煮加減や甘みの選び方で展開できます。

ゆで小豆のぜんざい：温めたゆで小豆に焼き餅を添えて。ほどよい甘さで、さらりと小豆の風味が味わえます。

上／発酵あんこ p.75　中／ゆで小豆 p.74　下／つぶあん p.74

ゆで小豆／つぶあん

すっきりと豆の輪郭が感じられるゆで小豆。
甘さ、うまみが凝縮され、こっくりとしたつぶあん。
小豆は、浸水せず思い立ったらすぐ炊ける豆。
ぜひ、自家製であんこを。

材料 作りやすい分量

小豆　200g
きび砂糖　180g
塩　ひとつまみ

作り方

1. ［**ゆで小豆**］　小豆をやさしく洗って(a)ざるにとって水気をきり、厚手の鍋に入れて小豆の2、3倍の量の水を入れる(b)。ふたをして中火にかけ、沸いたら弱火にし10分ほど煮て火を止め、30分蒸らす(c)。
2. 小豆をざるにとって水気を切り(d)、再び鍋に入れてかぶる程度の水を入れ中火にかける。沸いたら弱火にし、小豆がやさしくくるくる躍る程度の火加減にし、ふたを少しずらして煮る(e)。途中あくを取り(f)、小豆が表面に出てきたらさし水をする。30分ほどたって、割れていない小豆を指でつぶしてみて皮もやわらかければ火を止める。まだかたければさらに煮る。ふたをして30分以上蒸らす。
3. 煮汁をひたひた程度にし、再び中火にかける。沸いたら火を少し弱め、きび砂糖を3回に分けて加える(g)。その都度、やさしくかき混ぜ砂糖が溶けたら次の砂糖も加える。塩も加えて混ぜ合わせる。ゆで小豆のでき上がり(h)。

［**つぶあん**］3のゆで小豆を少しぽってりするくらいまで煮つめる。冷めるとかたくなるので、少しゆるいくらいに仕上げる(i,j)。

a

b

c

d

e

f

g

h

i

j

発酵あんこ

炊いた小豆に、米麹を加えて8時間、
60℃に保温して発酵させて作る砂糖なしのあんこです。
米麹は60℃を超えるとうまく発酵せず甘みが出ないので、
温度がキープできる炊飯器やヨーグルトメーカーなどを
利用します。麹の風味と自然な甘みが特徴です。

材料　でき上がり約400g

小豆　100g
乾燥麹（手で細かく砕く）　100g
塩　ひとつまみ

作り方

1. 小豆をゆで小豆（p.74参照）の作り方1～2まで煮て、蒸らす。
2. 1が鍋で60℃まで冷めたら、60℃に保温できる炊飯器（またはヨーグルトメーカー、保温ポットなど）に汁気をきって麹とともに入れ（a）、煮汁少々を加えて混ぜ、ふたをして8時間保温する（b）。途中かき混ぜ、汁気が減ったら煮汁を足し、発酵させる。
3. 麹が甘くなったらでき上がり。麹がかたかったり甘さが足りなかったりする場合は、さらに時間をかけて発酵させる。

＊炊飯器の温度が60℃を超える場合は、ふたを開けたまま、炊飯器にぬれ布巾をかける。

a

b

メープルあんドーナッツ　p.78

フルーツあんみつ　p.79

メープルあんドーナッツ

仕上げにメープルシロップのあめがけをするので、
外はかりっ、中はしっとりという食感が楽しめます。
パクッと一口でもいただけるサイズ感で。

材料　6個分

卵　½個
きび砂糖　大さじ1
豆乳　大さじ1
米油　大さじ1
メープルシロップ　50mℓ
つぶあん（p.74参照）　適量
揚げ油　適量
A
薄力粉　80g
ベーキングパウダー　小さじ1
塩　ひとつまみ

作り方

1. ボウルに卵、きび砂糖、豆乳、米油の順に入れ、その都度泡立て器でよく混ぜ合わせる。
2. 1にAをふるい入れ、ゴムベらでさっくりと混ぜ合わせひとまとめにする。ラップフィルムに包み、冷蔵庫で30分ほど冷やす。
3. 生地を6等分にし、手に少量の米油（分量外）をぬり小判形に成形する（a）。
4. 中温に熱した油で、3を全体がきつね色になるまで5分ほど揚げる（b）。
5. 小鍋にメープルシロップを入れ、中火にかけて沸騰させ、ドーナッツ全体にからませ（c）網の上で冷ます（d）。
6. ドーナッツの中心に切り込みを入れつぶあんをはさむ。

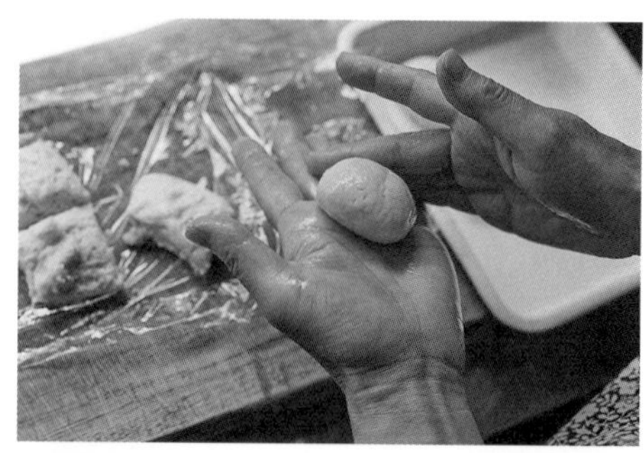
a

b

c

d

フルーツあんみつ

水と寒天のみで作る水寒天、きび砂糖で作る
さっぱりとした甘みのシロップ、フルーツ、
そしてつぶあんが一皿で混ざり合って
味が完成するあんみつです。

材料

［水寒天］ 作りやすい分量／17×13×高さ3cmのバット1枚分
粉寒天　3g

［シロップ］4人分
きび砂糖　50g

つぶあん（p.74参照）　適量
好みのフルーツ（メロン、さくらんぼ、ラズベリーなど）
　適量

作り方

1. シロップを作る。きび砂糖と水100mℓを鍋に入れ、中火にかけ、一煮立ちさせ砂糖を溶かし冷蔵庫で冷やしておく。
2. 水寒天を作る。鍋に粉寒天と水400mℓを入れ、よく混ぜ合わせながら中火にかけ、沸騰したら火を弱め2分ほど煮る。
3. 2をバットに流し入れ、粗熱が取れたら冷蔵庫に入れる。
4. 3が固まったらバットの内側にそってナイフを入れて1周し、まな板の上にバットを裏返して寒天を取り出す。
5. 4を1.5cm角に切って(a)器に盛り、つぶあん、フルーツも盛りつけシロップをかける。

a

発酵あんこのおはぎ　p.82

甘酒小豆グラニテ　p.83

発酵あんこのおはぎ

白米ともち米、またはもち米を炊いて
つぶして作ることが多いおはぎですが、
今回は道明寺粉を蒸してつぶさずにできるレシピです。
きな粉のほうは中に発酵あんこを入れます。

材料　4個分

発酵あんこ（p.75参照）　120g
道明寺粉　60g
きび砂糖　大さじ½
きな粉　約大さじ2
山椒の葉　少々

作り方

1. 耐熱容器に道明寺粉と熱湯90mℓを入れかき混ぜる（a）。ラップフィルムをかけて10分ほど蒸らしておく。
2. 蒸気の上がった蒸し器に1を入れ、10分ほど蒸す（b）。温かいうちにきび砂糖を加えゴムべらでよく混ぜ合わせ、手水をつけ4等分にして丸める（c）。
3. あんこも4等分して丸め、2個は2のもちの表面をそれぞれ覆い、山椒の葉をのせる。残り2個は2のもちの中に入れ（d）、きな粉をまぶす。

a

b

甘酒小豆グラニテ

発酵あんこに甘酒を混ぜて冷やし固めるだけの
簡単さですが、米麹や甘酒の発酵食品パワーで
奥行きのある味わいになります。

材料 19×13×高さ4cmの容器1個分

発酵あんこ（p.75参照） 300g
甘酒 100mℓ

作り方

1. 発酵あんこと甘酒をへらなどでよく混ぜ合わせるか、ミキサーにかけてなめらかにする。バットに入れ冷凍庫で一晩凍らせる（a）。
2. フォークやスプーンでかき出して、器に盛る。

a

いもくりなんきん通信

［番外：あんこ編］

［砂糖のこと］
甘みは、白砂糖よりも風味ややわらかみのあるきび砂糖を使います。白砂糖よりも甘さの浸透が遅いので豆の風味が先に感じられます。

［ゆで小豆］
やわらかくも、小豆の輪郭が残るくらいの煮加減で。砂糖を加えてからあまり煮つめないですっきりとした感じに。

［つぶあん］
ゆであずきを煮つめて小豆の風味、甘みをぎゅっと閉じ込めます。とろっとぽってりとつやよく仕上げます。

［発酵あんこ］
砂糖を使わず麹と発酵させます。発酵した麹の効果、うまみと甘みなどを生かすため加熱せずに、常温または冷やすお菓子に。

［小豆の選び方］
新物の豆は水分量も多いので早く煮えます。割れている豆や汚れが取れない豆は取り除き、大粒の大納言小豆の場合は、煮る時間を長くしてください。

中川たま

料理研究家。兵庫県生まれ。アパレル勤務を経て、自然食料品店勤務の後、2004年ケータリングユニット「にぎにぎ」をスタートさせ、2008年に独立。現在は神奈川県・逗子にて夫と娘の3人暮らし。月に数回、自宅にて季節の野菜や果物を大切にした料理教室を開催。雑誌や書籍での、シンプルな器使いや洗練されたスタイリングも人気。『つるんと、のどごしのいいおやつ』(文化出版局)、『たまさんの食べられる庭　自然に育てて、まるごと楽しむ』、『自家製の米粉ミックスで作るお菓子』(共に家の光協会)、など著書多数。
インスタグラム
https://www.instagram.com/tamanakagawa/

いもくり なんきん、ときどきあんこ

2023年9月21日　第1刷発行
2023年11月14日　第2刷発行

著　者　中川たま
発行者　清木孝悦
発行所　学校法人文化学園 文化出版局
〒151-8524
東京都渋谷区代々木3-22-1
電話 03-3299-2479（編集）
03-3299-2540（営業）
印刷・製本所　株式会社文化カラー印刷

文化出版局のホームページ
https://books.bunka.ac.jp/

Staff

デザイン　福間優子
撮影　宮濱祐美子
イラスト・文字　ほりはたまお
校閲　田中美穂
編集　鈴木百合子（文化出版局）

クロス類協力
アクセル ジャパン　電話 03-3382-1760